T0413439

Diseños en la naturaleza

Bela Davis

Abdo Kids Junior es una
subdivisión de Abdo Kids
abdobooks.com

¡DISEÑOS DIVERTIDOS!

abdobooks.com

Published by Abdo Kids, a division of ABDO, P.O. Box 398166, Minneapolis, Minnesota 55439.
Copyright © 2019 by Abdo Consulting Group, Inc. International copyrights reserved in all countries.
No part of this book may be reproduced in any form without written permission from the publisher.
Abdo Kids Junior™ is a trademark and logo of Abdo Kids.

Printed in the United States of America, North Mankato, Minnesota.

102018

012019

THIS BOOK CONTAINS
RECYCLED MATERIALS

Spanish Translator: Maria Puchol

Photo Credits: iStock, Shutterstock

Production Contributors: Teddy Borth, Jennie Forsberg, Grace Hansen

Design Contributors: Christina Doffing, Candice Keimig, Dorothy Toth

Library of Congress Control Number: 2018953858

Publisher's Cataloging-in-Publication Data

Names: Davis, Bela, author.

Title: Diseños en la naturaleza / by Bela Davis.

Other title: Patterns in nature

Description: Minneapolis, Minnesota : Abdo Kids, 2019 | Series: ¡Diseños
      divertidos! | Includes online resources and index.

Identifiers: ISBN 9781532183768 (lib. bdg.) | ISBN 9781641857185 (pbk.) | ISBN 9781532184840 (ebook)

Subjects: LCSH: Pattern perception--Juvenile literature. | Nature--Juvenile
      literature. | Mathematics--Miscellanea--Juvenile literature. | Spanish language
      materials--Juvenile literature.

Classification: DDC 006.4--dc23

Contenido

Diseños en la naturaleza

Hay diseños por todas partes.

¡Incluso en la naturaleza!

Un diseño con elementos repetidos en un orden es un patrón. Los patrones pueden crearse de muchas cosas diferentes.

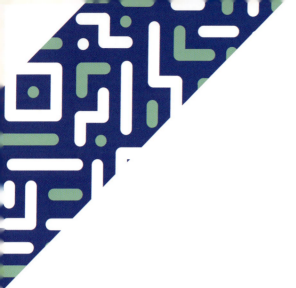

¡Mira dentro de la fruta! Las formas pueden crear un patrón. Los colores también.

¡Zzzz! Las abejas tienen rayas.

Es un patrón.

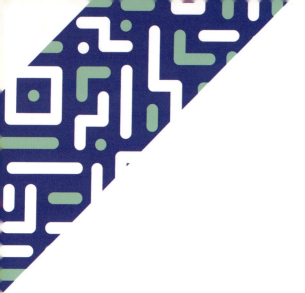

Las conchas pueden formar un patrón. Los caracoles tienen una concha en **espiral**.

Los árboles tienen anillos.
Cuéntalos. ¿Cuántos años
tiene este árbol?

15

Los **guacamayos** se posan en un tronco. También siguen un patrón.

¡Los tulipanes son preciosos! Los colores muestran un patrón.

Mira a tu alrededor.

¿Ves algún patrón?

Algunos tipos de patrones

patrón de colores

patrón de objetos

patrón de formas

patrón simétrico

Glosario

espiral
curva que se hace más grande
o más pequeña al dar vueltas
alrededor de un punto fijo, del que
se aleja en cada vuelta.

guacamayos
tipo de loro americano tropical y
de colores vivos, generalmente con
cola larga y ligeramente curvada.

Índice

¡Visita nuestra página **abdokids.com** y usa este código para tener acceso a juegos, manualidades, videos y mucho más!

Código Abdo Kids:
PPK7962